I0264089

L⁴¹b
3213

JEAN-ÉTIENNE ALBERT

Républicain François, Juge élu à Colmar, & appelé au Tribunal criminel du Bas-Rhin, par les Commissaires de la Convention Nationale; à ses concitoyens & amis, les habitans des Départemens du Rhin, salut & fraternité.

L'ami sincère du peuple lui dit toujours la vérité; recommande la justice, la probité: il déteste l'agiotage, le monopole & l'usure, qui sont des crimes atroces contre la soci[été]

CONCITOYENS ET AMIS,

VOUS venez d'accepter la Constitution de la république Françoise une & indivisible : vous avez juré fidélité à la liberté, à l'égalité; de vous aimer réciproquement comme des frères, *& de ne pas faire à un autre, ce que vous ne voudriez pas qu'on vous fît.*

A

Telles sont les bases sacrées de notre sainte Constitution, comme elles sont celles de l'Evangile & des commandemens de Dieu.

Cependant, *mes Concitoyens*, *mes Amis*, vous y contrevenez tous les jours, en refusant les assignats, ou en les prenant au-dessous de la valeur que la Loi & la Nation y ont attachée. Je vais vous prouver par un entretien simple & amical, que par-là vous volez votre prochain, vous ruinez la nation; vous exposez la république, votre liberté & vos fortunes particulières aux plus grands dangers.

Qu'est-ce qu'un assignat?

C'est la représentation d'une portion des domaines nationaux, c'est-à-dire, des meilleures terres, prés ou forêts de la France.

Pourquoi a-t-on fait des assignats?

Pour payer les dettes de l'Etat & remplacer la monnoie d'or & d'argent, que les ennemis du peuple ont cachée dans la vue de faire une contre-révolution, & d'opprimer de nouveau les gens de la campagne & les gens de métiers.

Mais comment les assignats sont-ils la représentation des domaines nationaux?

Les assignats représentent les domaines nationaux, comme une bonne obligation sur un riche & honnête débiteur, représente ses biens hypothéqués à la sûreté du créancier. Il y a cependant cette différence en faveur des assignats, 1.° que ceux-ci peuvent tous les jours, à chaque instant & par toute la France, être employés sans frais, au payement de champs, prés, jardins, maisons ou forêts, au choix de l'acheteur; tandis que l'on n'a pas la même facilité avec une obligation sur un particulier, pour laquelle on ne parvient à avoir des biens-fonds du débiteur, qu'après avoir essuyé toutes les longueurs, les frais & les risques d'une discussion judiciaire. 2.° Les biens des particuliers sont souvent chargés d'hypothèques cachées & antérieures, tandis qu'avec des assignats on achète d'excellens biens nationaux, à coup sûr exempts de tous cens & hypothèques (*).

(*) Suivant le Décret du 5 juin dernier, on peut encore placer les assignats à cinq pour cent d'intérêts, en achetant les annuités de la nation; c'est-à-dire que, si je devois encore à la nation un ou plusieurs termes sur un bien que j'en aurois acheté, il est libre à chacun qui a des assignats, d'aller au district où j'aurois acheté ce bien, & d'y payer le tout ou partie de ce que je devrois encore. Ces

Obfervez encore, *mes amis*, qu'il n'y a pas à beaucoup près autant d'affignats en circulation que la nation a de domaines encore à vendre & de payemens à toucher fur ceux déjà vendus. Il n'y a pas encore eu *trois milliards* mis en circulation; cependant il y a déjà eu paffé *huit cent millions* de brûlés, qui font rentrés des payemens des premiers termes des biens nationaux vendus, fur lefquels il refte encore dû à la nation plus de deux milliards : ce qui repréfente à peu-près tous les affignats mis en circulation ; & il refte encore plus de *trois milliards* des domaines à vendre, tant en forêts nationales, bâtimens, prés, champs, vignes, maifons, jardins, palais épifcopaux, les immenfes biens & châteaux poffédés par le ci-devant Roi, &c. &c. outre les biens meubles & immeubles des émigrés, lefquels feuls mon-

---

affignats ainfi payés, font de fuite annullés pour être brûlés, & le diftrict remet au payeur une expédition de l'adjudication, avec ceffion au bas des termes, que je ferois alors obligé de rembourfer à chaque échéance, avec les intérêts à cinq pour cent net, à celui qui auroit payé les termes par moi dûs ; à quoi je ferois contraint par le diftrict, fans frais ni retard pour le ceffionnaire : ce qui préfente les plus grands & fûrs avantages à tous ceux qui ont des affignats à placer.

tent au-delà de *cinq milliards* dans toute la France, & dont on en découvre encore tous les jours : de manière qu'on peut assurer que la République possède encore une valeur disponible de l'énorme somme de *huit milliards* ; ce qui excède de beaucoup les ressources de tous les tyrans coalisés de notre liberté.

Mais, direz-vous, pourquoi s'est-on pressé de payer les dettes de l'État avec des assignats ?

Les rois, nos ci-devant tyrans, avoient fait des dettes immenses pour nourrir le luxe de leurs maîtresses, de leurs parens & courtisans, surtout de notre ci-devant reine, *Antoinette d'Autriche*, lesquels passoient toute l'année dans les plus scandaleuses débauches, aux dépens de la sueur du peuple qu'ils méprisoient. Pour donc ne pas rester dans l'esclavage de ces créanciers de l'Etat, dont les uns tiroient annuellement du trésor national douze pour cent d'intérêts, & dont les autres tenoient, pour de l'argent avancé au roi, des charges qui les exemptoient des impôts, leurs enfans de la milice, qu'on faisoit tomber sur les seuls gens de métiers & de la campagne, qu'ils opprimoient encore de toutes les manières ; il a fallu nous débarrasser de tous ces sang-sues, en leur remboursant leurs capitaux. Mais comme la Nation ne pouvoit pas donner à chacun une pièce de terres ou de forêts, elle les a payés avec des *assignats*, c'est-à-dire avec des reconnoissances sur tous les biens nationaux, avec lesquels on peut acheter de ces mêmes biens, quand, où & tels qu'on les voudroit.

Il est donc évident, *mes amis*, que les assignats étoient & sont une mesure nécessaire au salut de la patrie, & qu'ils sont une très-bonne monnoie; puisqu'avec des assignats on peut acheter tous les jours les meilleurs & les plus sûrs biens-fonds, au choix de chacun, & de très-beaux & bons meubles, tels que ceux de notre ci-devant tyran, qui a accablé les François de tant de dettes, & ceux de ses complices les traîtres émigrés, qui vous ont si long-temps opprimés par les corvées & autres exactions.

Mais je vous ai dit au commencement, *mes amis*, qu'en ne prenant les assignats qu'au-dessous de leur valeur légale, vous violez votre serment de fidélité à la République; & cela est vrai. Par exemple, en n'acceptant l'assignat de cinq livres que pour trente ou quarante sous, vous trahissez la loi & la nation, qui lui ont donné la valeur entière de cinq livres, si vrai qu'avec cet assignat de cinq livres, vous payez en plein cinq livres de dettes, d'impôts ou domaines nationaux.

J'ai dit qu'en prenant les assignats au-dessous de leur valeur, vous volez votre prochain, contrairement aux commandemens de Dieu, & à la Constitution, qui veulent *que nous ne fassions pas aux autres ce que nous ne voulons pas qu'on nous fasse.*

En effet, vous payez tous les jours avec cinq cents livres en assignats, un créancier honnête, qui vous avoit secouru, en vous prêtant ces cinq cents livres, en argent sonnant; si donc, après avoir ainsi payé votre dette de cinq cents livres avec cent assignats de cinq livres, vous ne voulez plus recevoir un assignat de cinq livres que pour vingt ou trente sous, contre vos grains, viandes, marchandises, &c. il est clair que vous volez votre prochain, votre ancien bienfaiteur, pour trois cent cinquante ou quatre cents livres; ce qui est abominable.

J'ai dit que vous volez la Nation.

A 4

Tous les jours, en lui vendant vos denrées pour la nourriture & l'habillement des troupes, vous demandez 100 liv. en assignats pour les objets que vous vendez à d'autres pour 30 ou 40 liv. en argent sonnant. Vous volez donc chaque fois 60 ou 70 sur 100 liv. à la Nation, à laquelle vous payez en plein 100 liv. de dettes, d'impôts ou domaines nationaux, avec 20 assignats de 5 liv. Si ce brigandage continue, & que vous ne veuilliez pas recevoir les assignats pour leur pleine valeur & comme argent sonnant, de la Nation qui les reçoit ainsi de vous, il faudra que la Nation vous demande quatre fois plus d'impôts, & quatre fois le prix de vos adjudications; ce qui sera très-juste.

J'ai dit que vous exposiez la république & votre liberté.

En effet: refuser les assignats, ou gêner leur circulation, en ne les prenant pas pour toute leur valeur, c'est comme si vous arrêtiez la circulation du sang dans vos veines; ce qui ne pourroit manquer de vous donner la mort, comme le refus des assignats ou leur avilissement, s'ils continuoient, donneroient à coup sûr la mort à la république, qui ne pourroit plus se soutenir. Alors vous rentreriez infailliblement fous l'oppreſſion d'un tyran & de tous ſes complices, des ci-devant ſeigneurs, des parlemens, intendans, du ci-devant conſeil de Colmar, de vos baillifs, fiſcaux & de tant d'autres, qui ſe vengeroient en barbares de ce que vous aviez ſecoué leur eſclavage, & voulu être des hommes libres, tels que Dieu vous a créés.

J'ai dit enfin, que vous expoſiez vos fortunes particulières aux plus grands dangers, en ne prenant pas les aſſignats pour leur entière & juſte valeur; & cela eſt encore bien clair.

Vous ſavez que tous les ſoldats ſont payés en aſſignats. Il faut donc que pour ces aſſignats ils puiſſent avoir du pain, de la viande & autres beſoins, de manière à pouvoir vivre comme il convient de leur paye, reſter forts & bien portans, pour repouſſer avec courage & ſuccès *les Pruſſiens, Autrichiens & les Émigrés*. Si vous continuez à ne pas recevoir d'eux les aſſignats pour leur entière valeur, comme eux les reçoivent de la Nation, vous diſſoudrez les armées & les forcerez à vous traiter comme leurs ennemis & ceux de la république; à vous enlever violemment les ſubſiſtances que leur bravoure a préſervées de la rapacité pruſſienne, & qu'il eſt barbare de refuser contre un légitime payement, à vos bienfaiteurs, qui protègent vos personnes & vous propriétés, au prix de leur sang.

Dans cette insurrection *légale*, puisqu'elle tendroit à maintenir force aux loix sur les assignats; dans cette insurrection vraiment sainte de la vertu contre le crime, des opprimés contre leurs infâmes oppresseurs, vous verriez infailliblement se joindre aux soldats, les ouvriers, les pauvres, les gens auxquels vous avez remboursé leurs capitaux avec des assignats, & tant de vos concitoyens qui n'ont que cette monnoie nationale pour vivre. Vous verriez dans les excès inséparables d'une pareille insurrection, la mort vous assaillir de toutes parts, & livrer aux flammes & à la destruction vos maisons, récoltes & marchandises qu'on n'auroit pas pu vous enlever.

Ces horreurs seroient nécessairement suivies d'autres malheurs encore; car dans cette dévastation viendroient se mêler les armées ennemies, les farouches hessois, prussiens, pandours & émigrés, tous altérés, comme des tigres, de la soif de votre sang, & ne respirant que meurtres & pillages. Ils vous dépouilleroient des domaines nationaux que vous avez achetés, & vous prendroient encore vos autres biens pour vous punir, & récupérer les dixmes, corvées, chasses & tant d'autres vexations dont la révolution vous a délivrés depuis plusieurs années. Ceux qui survivroient au carnage, rentreroient dans un esclavage plus dur que jamais.

Ne demandez-donc plus *mes amis*, ni or ni argent. Réunissons-nous plutôt tous, comme une famille de frères, comme les enfans de la même patrie, autour de l'arche sacrée de notre nouvelle constitution. Faisons le pieux, le salutaire serment de proscription de l'or & de l'argent ; jurons de ne vouloir plus, tant que durera la guerre, d'autre monnoie que les *assignats*, ce signe précieux de la révolution & de la fortune nationale, lequel seul peut vous conserver vos propriétés, votre vie, votre liberté. Alors, *concitoyens & amis*, tous les tyrans pâliront devant ce nouveau pacte de fraternité & de justice ; & bientôt vous les verrez anéantis, & la France plus florissante que jamais.

N'écoutez pas ceux qui vous disent qu'il faut de la monnoie d'or & d'argent pour notre commerce avec l'étranger, & l'achat des matières premières. Dans ce moment où tous les tyrans qui nous entourent veulent nous réduire à l'esclavage, nous n'avons presque pas de commerce avec l'étranger, & nous n'en n'avons pas besoin du tout. La bonté de Dieu, *mes amis*, a donné à la France, en abondance, tout ce qu'il faut pour vivre heureux & bien portans. Nous avons du pain, du vin, des légumes, des troupeaux de toutes espèces, des fourrages pour les nourrir & engraisser. Nous avons un grand nombre de fabriques & manufactures, & même des approvisionnemens de draps & d'étoffes déjà fabriqués, au-delà de ce qu'il nous faut jusqu'après la guerre. Ceux qui demandent de l'or, de l'argent, sont les ennemis de la liberté & du bonheur du peuple ; ce sont quelques banquiers, tous les agioteurs, usuriers, monopoleurs, *les juifs avec & sans barbes*, qui veulent continuer à s'engraisser du sang des honnêtes gens. Ceux qui les croient, en sont toujours trompés & volés. Ces scélérats sont comme les juifs du désert ; ils ne connoissent d'autre Dieu que le *veau d'or*. Ils méritent notre mépris, l'exécration publique, & la vengeance des loix. Le Tribunal criminel du Bas-Rhin, fidèle à ses devoirs, à la confiance de ses concitoyens, trappera ces monstres, sans miséricorde, du glaive de la justice, toutes les fois qu'il pourra les atteindre ; les bons citoyens peuvent & doivent y compter.

Toutefois les magistrats du Tribunal criminel, qui sont les vrais amis du peuple, qui ne sont armés du glaive de la loi que pour la défendre contre ses ennemis de l'intérieur, préféreront toujours de presser tous & un chacun de leurs concitoyens contre leur sein. Ils désirent ardemment de n'en plus trouver aucun qui se rende coupable du crime d'agiotage ou d'avilissement des assignats. Ils aiment surtout à croire que les *sections de Strasbourg*, qui professent si ouvertement leur dévouement à la république, seront les premières à en donner encore une preuve non équivoque, & qu'elles se réuniront à voter solemnellement la proscription entière de tout numéraire d'or & d'argent. Ce sera le triomphe des assignats, qui amènera nécessairement celui de la liberté.

Elles s'empresseront, sans doute, de donner ce bel & salutaire exemple, qui, tout en vengeant la gloire de Strasbourg de l'opprobre d'une poignée d'insignes agioteurs, fera à tous égards, de cette ville, un glorieux boulevard du patriotifme & de la république, & entraînera infailliblement une heureufe & fainte imitation dans tout le Bas-Rhin & les départemens voifins.

La Convention Nationale, l'armée, tous les bons citoyens, la France entière applaudiront à ce vœu vraiment républicain, & fe réuniront à leur tour à décerner la couronne civique à Strasbourg, qui aura fi bien mérité de la patrie.

Strasbourg, 1.er août 1793, l'an 2.e de la république Françoife une & indivifible.

Signé ALBERT.

EXTRAIT

Du Procès-verbal de la féance du Confeil général du Département du Bas-Rhin, du 1.er août 1793, l'an fecond de la république Françoife.

LECTURE faite de l'adreffe ci-deffus du citoyen Albert, Juge au Tribunal criminel, relative aux affignats:

LE CONSEIL GÉNÉRAL du Département

du Bas-Rhin, ouï le Procureur-général-syndic, a applaudi à la manière simple & lumineuse avec laquelle le rédacteur présente aux citoyens des campagnes, tous les avantages des assignats & les maux que le refus de les recevoir prépare à la patrie & à eux-mêmes; & a arrêté que ladite instruction sera imprimée avec profusion dans les deux langues, aux frais du Département, avec son attache, pour être distribuée, publiée & lue le 10 août prochain dans toutes les Communes de son arrondissement.

Il invite tous les citoyens à se bien pénétrer de leurs devoirs; à songer que le salut de la république, la conservation de leurs intérêts les plus chers, & le maintien d'une liberté acquise à tant de frais, reposent sur le crédit de ce papier national; à se réunir tous en assemblées primaires : à prêter solemnellement le serment de n'établir aucune différence entre les assignats & le numéraire, de respecter & de recevoir les assignats en payement de leurs denrées & marchandises; de vouer à l'infamie & à la vengeance des loix, ces hommes pervers, indignes du nom glorieux de citoyen François, qui calculent honteusement leur intérêt sur la ruine publique, & même de dénoncer à l'administration supérieure ceux de leurs concitoyens qui refuseroient d'adhérer & de se soumettre à un serment aussi auguste.

Signé BURGER, Vice-Président; & CAM. BARBIER, Secrétaire-général.

A STRASBOURG;

Chez F. G. LEVRAULT, Imprimeur du Départ., rue des Juifs, N.º 33.

www.ingramcontent.com/pod-product-compliance
Lightning Source LLC
Chambersburg PA
CBHW060934050426
42453CB00010B/2002